中国儿童核心素养培养计划

课后半小时　小学生阶段阅读

文化基础 ✕ 自主发展 ✕ 社会参与

课后半小时编辑组 ■ 编著

中国历史

上下五千年

012

北京理工大学出版社
BEIJING INSTITUTE OF TECHNOLOGY PRESS

核心素养之旅
Journey of Core Literacy

中国学生发展核心素养，指的是学生应具备的、能够适应终身发展和社会发展的必备品格和关键能力。简单来说，它是可以武装你的铠甲、是可以助力你成长的利器。有了它，再多的坎坷你都可以跨过，然后一路登上最高的山巅。怎么样，你准备好开启你的核心素养之旅了吗？

文化基础

科学基础

- 第 1 天 万能数学 — 数学思维
- 第 2 天 地理世界 — 观察能力 地理基础
- 第 3 天 物理现象 — 观察能力 物理基础
- 第 4 天 神奇生物 — 观察能力 生物基础
- 第 5 天 奇妙化学 — 理解能力 想象能力 化学基础

科学精神

- 第 6 天 寻找科学 — 观察能力 探究能力
- 第 7 天 科学思维 — 逻辑推理
- 第 8 天 科学实践 — 探究能力 逻辑推理
- 第 9 天 科学成果 — 探究能力 批判思维
- 第 10 天 科学态度 — 批判思维

人文底蕴

- 第 11 天 美丽中国 — 传承能力
- 第 12 天 中国历史 ● 人文情怀 传承能力
- 第 13 天 中国文化 — 传承能力
- 第 14 天 连接世界 — 人文情怀 国际视野
- 第 15 天 多彩世界 — 国际视野

自主发展

学会学习

- 第 16 天 探秘大脑 — 反思能力
- 第 17 天 高效学习 — 自主能力 规划能力
- 第 18 天 学会观察 — 观察能力 反思能力
- 第 19 天 学会应用 — 自主能力
- 第 20 天 机器学习 — 信息意识

健康生活

- 第 21 天 认识自己 — 抗挫折能力 自信感
- 第 22 天 社会交往 — 社交能力 情商力

社会参与

责任担当

- 第 23 天 国防科技 — 民族自信
- 第 24 天 中国力量 — 民族自信
- 第 25 天 保护地球 — 责任感 反思能力 国际视野

实践创新

- 第 26 天 生命密码 — 创新实践
- 第 27 天 生物技术 — 创新实践
- 第 28 天 世纪能源 — 创新实践
- 第 29 天 空天梦想 — 创新实践
- 第 30 天 工程思维 — 创新实践

总结复习

- 第 31 天 概念之书

中国儿童核心素养培养计划

课后半小时 小学生阶段阅读

文化基础 ✕ 自主发展 ✕ 社会参与

012

卷首

FINDING   发现生活

EXPLORATION 上下求索

COLUMN   青出于蓝

THINKING   行成于思

以史为鉴 可以知兴替

历史在《现代汉语词典》中的解释是"自然界和人类社会的发展过程，也指某件事物的发展过程和个人的经历"。也就是说，历史在一般情况下，总是有载体的。那谈到历史的载体，你脑海中划过的是什么呢？是厚重的古城墙，还是斑驳的青铜器？是泛黄的古籍，还是悠久的发明？这些事物都穿过了长长的光阴，至今留在那里，帮助人们感受呼啸而来的历史，提醒着世人时代的变迁。

历史，也正是因为有了这些载体而不再抽象。龙椅的交接让我们看到了一部微缩的帝王史，看到了各位站在权力巅峰的君主是如何指点江山的；都城的兴衰让我们看到了一个时代的辉煌与悲痛，记录历史的紫禁城如今也变成历史本身；理念的发展与融合阐述了一场场思想史的革新，也让我们认识了一位位时代的先驱者。历史是文化的传承、积累和扩展，它们共同勾勒出人类文明的轨迹。

正如《人类群星闪耀时》一书中所说："一个民族，

千百万人里面才出一个天才；人世间数百万个闲暇的小时流逝过去，方始出现一个真正的历史性时刻，人类星光璀璨的时刻。"那些在历史书中出现的名字或许不都是天才，但每一个事件都成为中国历史这条漫长时间线上的深刻节点，它们代表和记录着各自的时代，又留给了后人无尽的思考与启示。

  读史明智，鉴往而知来。这本书用一个个微小的细节拼接出我们华夏文明悠久的历史，希望各位小朋友在这本书中得到智慧、充盈思想。关于历史的书有开始也有结束，但历史的发展却是无穷尽的，新一页的时代篇章已经开启，去书写属于你们的历史传奇吧!

张帆

北京大学历史学系教授，博士生导师

原来乾隆也喜欢火锅

撰文：陶然

香菇

虾

菠菜

冬瓜

毛肚

山药

粉丝

香菜

鸡肉

土豆

羊肉

大白菜

鱼

豆腐

占领了中国饮食界半壁江山的火锅，以它独特的魅力征服了南北方的广大吃众，就连清朝的乾隆皇帝也是它的忠实粉丝。就是在这样大街小巷随处可见的一餐饭里，我们看到了历史的发展与不朽。

乾隆皇帝的御膳几乎都有火锅的影子。乾隆皇帝曾经举办过盛大的千叟宴，专门请年过六十岁的老人吃饭，宴会特意为老人们准备了热乎乎的火锅。火锅是一种涮煮食物的烹饪方式，这种煮食方式早在陶器时代就有了。那么火锅又经历了哪些演变呢？西周时，人们发明了一种"有盘鼎"，类似于今天的小火锅，鼎下的盘用来盛放炭火。汉朝时，又有人发明了一种有五个格子的"分格鼎"，就像今天的多格火锅。到了清朝，火锅已经风行全国，成为皇帝和百姓喜欢的美食。当时的火锅主要涮煮羊肉，所以吃火锅又叫"涮羊肉"。

▶延伸知识

这两种火锅你可曾见过？

有盘鼎

西周的"小火锅"。

分格鼎

汉朝的"多格火锅"。

韭菜花

蒜头

芝麻烧饼

豆腐乳

芝麻酱

古时的首都 长啥样

你有没有好奇过：以前朝代的首都长什么样呢？历史总是在流动，而每一个国都就像是当时的一张名片，国都变迁了，但文明依然存在。接下来，我们就看一看它们曾是如何繁华，又是如何没落的。

撰文：刘彦朋 Sun

城的布局

这座都城规划有序，都城中最重要的地方从北到南，依轴线排列。最北边是祭祀区域，国家的一切祭祀活动都在这里举行；中央是筑有围墙的宫城，夏王在这里居住和处理政务；宫城的南边分别是绿松石作坊和铸铜作坊，手工业者在这里为国王制作绿松石制品和青铜器。贵族们住在离宫城最近的地方，平民住在普通居住区。

夏王的宫殿

这座大宫殿很可能是夏王居住、处理公务和举行会议的场所。

铸铜作坊

人们在铸铜作坊里为夏王铸造各种青铜器。

骨器作坊

夏朝人将骨头加工成骨镞、骨簪等器物的作坊。

绿松石作坊

夏朝的王和贵族非常喜欢漂亮的绿松石，就在宫城南边设置了制作绿松石的作坊。能工巧匠们在这里为夏王加工绿松石制品。

历史的载体可不只有美食，变迁的国都也是历史的见证者。4 000 多年前，中国大地上分布着很多大大小小的部落族群，部落之间互相竞争，时常引起冲突。后来，小部落结成联盟，组成大部落，形成了称霸一方的"邦国"。邦国形成之后，冲突更加频繁。强大的"邦国"逐个征服小"邦国"，最终形成广域的王权国家。国家的首领也成为拥有最高权力的王。

祭祀区

国家举行祭祀活动的地方。

古老的车辙痕迹

考古工作者在这里发现了中国最早的双轮车辙，证明距今约 4 200 年前，中国就出现了双轮车。

城南的贵族墓

这是埋葬王室或贵族的墓地。在墓葬中出土了很多玉器、青铜器等珍贵文物。

农田

最早的国都

夏朝是中国历史上第一个朝代。据史料记载，大禹因治理黄河有功，继承了舜禅让的王位，建立了夏朝。大禹去世后，他的儿子启破坏了贤能者即位的"禅让制"，强行继承王位，国家成为启的私产。启将王位传给自己的后代，并世代相传，开始了"家天下"。在古代，帝王居住的城市被称为国都或王都，夏王居住的都城应该是整个国家最庞大的城市。夏朝的一位王在今天河南偃师附近修建了一座庞大的城市，作为国家的都城。

繁华的临淄城

西周时，诸侯如果想筑城池，需要完全遵守周王定下的规矩，城池的面积、城墙的高度和长度不得超过周王的王城。但到了春秋战国时期，诸侯们已经不在乎周王的规矩了，为了提升城池的防御能力，他们把城筑得又高又大。

蹴鞠（cù jū）

又叫踢鞠，是我国古代的足球。"蹴"和"踢"都是用脚踢的意思，"鞠"是指球，合起来就是踢足球的意思。

六博 又叫陆博，是一种古老的棋类博戏，春秋时期就已经存在了。据记载，六博在临淄城内非常流行。

赛狗

吹竽

临淄是齐国的都城，是战国时期规模最大、最繁华的城市之一。临淄城是个双子城，分为大城和小城。大城是贵族和平民居住的地方；小城位于大城的西南角，是国君居住的地方。为了防御敌人，齐王不仅将城墙修得又高又厚，还在城墙外开挖壕沟，与河流一起形成城壕。齐国人还在筑城时建了全城的排水设施。每到雨天，雨水就会顺水道流入城外，城内不会有积水。

▶延伸知识

临淄城内商业和手工业繁荣，人口众多。据说临淄城有 7 万多户人家，生活着 35 万人，如果发生战争，能随时召集 21 万兵卒。据史书记载，临淄的居民非常富有，生活丰富多彩，百姓们喜欢音乐，闲时也会玩些斗鸡赛狗、下棋踢球的游戏。

滥竽充数

这是一个发生在临淄城的古老故事。竽是一种吹奏乐器。春秋战国时期，竽在齐国非常流行，齐宣王非常喜欢听竽的合奏。一位人称南郭先生的读书人不懂吹竽，却谎称自己擅长吹竽，并成了一名宫廷乐工。每当宫廷合奏时，南郭先生就混在其中，摇头晃脑，假装卖力吹竽。齐宣王死后，齐湣（mǐn）王继位，他喜欢听竽独奏，便要求乐工一个一个地吹给他听。南郭先生听说后，心知再也不能蒙混过关了，于是悄悄逃出了宫廷。

摩肩接踵

临淄城的街道非常拥挤，行驶在街道上的车子会发生车轴相撞的情况。街道上的人多到肩膀互相碰撞，如果大家一起挥洒汗水的话，就会像下雨一样。

斗鸡

历经战火的秦都咸阳

战国后期，诸侯国互相兼并，频繁的战乱不仅给百姓带来了痛苦，也给城市带来了灾难，其中影响最大的是秦国的统一战争。秦国每灭一国就会摧毁一座都城。为了防止六国"死灰复燃"，秦国将诸侯国的贵族和财富统统迁往秦都咸阳，使得六国原来繁华的城市变得凄惨冷清。

繁盛的咸阳

摧毁六国宫殿

秦国国都咸阳在战国时期就很庞大。秦始皇建立秦朝后，咸阳城的商业和手工业非常繁盛，人口也随之暴增。在这座巨大的都城中，最恢宏的房子是秦始皇的"家"。始皇帝不仅拥有

前朝皇帝遗留的庞大宫殿群，灭六国后，又相继仿造了六国的宫殿。拥有众多宫殿的秦始皇仍不知足，他又征调万民建阿房宫。不过因为战争，这项劳民伤财的工程被迫停止了。

火烧咸阳城

秦始皇死后不久，国内爆发起义，六国贵族也纷纷反秦。项羽和刘邦的军队成为击败秦军的主力。秦军溃败后，刘邦攻入咸阳。他下令封锁国库，关闭宫门，与百姓约法三章，等待项羽大军到来。项羽带领大军进入咸阳，看到繁华的咸阳城，将秦皇宫府库中的财宝抢掠一空，作为自己的战利品。他还放火烧城，大火延绵三百里，整整烧了 3 个月。整个咸阳城被烧成了废墟，如今只为我们留下了厚厚的夯土台。

末代秦皇子婴

子婴，秦朝的第三位皇帝，也是秦朝最后一位皇帝。赵高杀死秦二世后，想自立为帝，但群臣不支持他。于是他拥立子婴即位，想继续操控子婴，以控制朝政，不想却被子婴诛杀。刘邦进入咸阳后，子婴自缚投降，秦朝自此灭亡。子婴仅仅在位 46 天。项羽率大军进入咸阳后，处死了子婴。

如棋盘的长安城

　　隋唐时期，中国出现了两座规模宏大的城市：长安和洛阳。长安城是隋文帝杨坚建的。杨坚建立隋朝后，原来的长安城已非常残破，隋文帝决定在旧城东南方向筑新城，并为新城起名大兴城。除了建大兴城，隋朝的皇帝也启动了开凿大运河、营建洛阳等重大工程，但因过度消耗国力，引发了起义。唐国公李渊趁势攻占长安，随后建立了唐朝。

长安城 108 里坊

　　唐朝建立后,统治者将大兴城在原有基础上扩建了一番,并恢复了原来的名字——长安。长安城总面积 80 多平方千米，全城布局整齐划一，由宫城、皇城、郭城 3 部分组成，郭城内有南北向街 11 条、东西向街 14 条。

　　纵横的街道将城市分成了108个方块,俯瞰视角下的长安城就像一个围棋棋盘。郭城里的方块是"里坊"，大多是居民的住所，当时最热闹的东市和西市也在其中。大部分里坊内都有十字形的街道，里坊被街道划分成 4 个小区。为方便管理，坊的四周筑有围墙，面对街道的围墙设有坊门，只有坊门开启，居民才能出入。

长安城规模宏大，不仅住着本地居民，还有来自全国各地的举子、商人、文人墨客，以及来自外国的使者、客商、僧尼。人口最多时竟达百万，是当时世界上最大的城市之一，也是最繁华的国际大都市之一。

▶延伸知识

安史之乱时，长安城遭到了破坏。公元 880 年，黄巢起义军攻占长安，城内发生焚烧和抢掠，长安城遭到更严重的破坏。

公元 904 年，朱温挟持唐昭宗迁都洛阳，并强制居民迁居。长安城的宫殿和里坊被拆除，能用的建筑材料一同运往洛阳，这座当时最大的城市就这样成为一片废墟。

龙椅上的帝王们

撰文：硫克 Sun 陶然 刘彦朋

统治者的更迭，想必是历史变迁中最直接的表现方式之一。一位国君的登基，向世人展示的不仅是他的野心与抱负，还有治国思想和政治版图。在历史的长河中，你一定也有印象深刻的帝王吧？他们并不代表完美，但却都赋予了各自时代以光彩或启示。

秦王扫六合

秦始皇是一位很有韬略的皇帝，强盛起来的秦国自然有一统天下的野心，"秦王扫六合"说的便是秦始皇统一天下的故事。在秦始皇统一六国之前，各诸侯国都有自己的文字、钱币、尺度标准等，统一之后交流多了，标准不同就带来了很多麻烦，所以秦始皇对这些都做出了明确的统一规定，这就是历史书上说的"书同文，车同轨"。

▶**延伸知识**

度量衡

秦朝颁布了统一度量衡的诏书，方便了人们日常的交易和买卖。

度指尺度，是古代用来测量物体长短的工具，类似于今天的尺子。

度

量指计算、测量东西多少的器物。量器，是当时测量粮食多少的器具，有方形的也有圆形的，有铜制的也有陶制的。

铜量　　　陶量

权指当时用来称质量的秤砣，主要为铜制、铁制、陶制和石制。衡又叫"衡杆"，类似今天的秤杆，不同的是，当时的提纽位于衡杆的中间部位，一端挂权，一端称量被称物品，衡平便能得出斤两。权与衡合称"权衡"。

衡　　　　　权

汉高祖刘邦的一生，充满了神奇色彩。他出身农家，不喜欢读书，也不喜欢农事，但却为人豁达，广交朋友。在陈胜、吴广起义之后，刘邦在萧何等人的拥护下于沛县起义。后来，他们逐渐发展为反秦义军的主力之一。天下英雄云集麾下，刘邦知人善用，成就了一番伟业。

刘邦与项羽都是秦末起义军的领袖。灭秦后，项羽掠夺咸阳财宝，回到了江东老家，自称西楚霸王，后又分封诸侯。刘邦被封为汉王。刘邦表面顺从，私下却暗度陈仓，攻入关中。项羽四处征战，早已失去了民心。刘邦在萧何、韩信、张良等人的帮助下，最终击败项羽。项羽最后逃至乌江，在乌江自刎，刘邦成为胜利者。公元前 202 年，刘邦建立汉朝。

修建城池

刘邦建立西汉后，命萧何在秦咸阳城的基础上兴建都城。刘邦希望国家能长治久安，就为都城取名长安。刘邦也很重视各郡、县城市的建设，下令全国所有县以上的行政区域都要筑城池，一时间全国掀起筑城高潮。西汉中期，全国县以上的城市已多达上千个。

招商引资——隋炀帝

雄心勃勃的隋炀帝即位后，为了重新恢复丝路贸易，派裴矩到张掖"招商引资"，抛出优厚的条件吸引西域商人，鼓励他们去中原经商。隋炀帝看到丝绸之路即将再次畅通，决定西巡河西走廊，御驾亲征吐谷浑，并要在张掖举办一场"招商大会"，向西域诸国展示隋朝的富有和强大，以此来吸引西域商人。

盛大的"万国博览会"

公元 609 年，隋炀帝率领大军打败吐谷浑，清除了丝路上最后的威胁。随后，大部队来到张掖，在焉支山下召开了一场盛大的"万国博览会"。盛会吸引来很多使者和商人，据说光商团的队伍就排了 5 000 多米。

隋炀帝会见了西域诸部的首领和使节，与西域二十七部成为贸易伙伴。大会上陈列了许多来自中原的物产和手工艺品，精美的丝绸和手工艺品吸引了西域使节和商人，从此，丝绸之路再次热闹起来，商人纷纷来到中原经商。

隋炀帝

▶延伸知识

隋炀帝在位期间大兴土木，营建东都洛阳，开凿大运河，频繁发动战争，引起农民起义，造成天下大乱，最终导致隋朝灭亡。

洛阳的"国际交易大会"

公元 610 年，西域诸部的使者和商人不远万里来到东都洛阳朝贡，裴矩认为这又是一次展示隋朝繁荣、开展对外贸易的好机会，便向隋炀帝建议陈列展示中原的物产，开放市场。于是隋炀帝下令允许人们自由交易；命街市张灯结彩，用丝绸装饰冬天的树木，在大街设置百戏舞台，并命文武百官和民众穿上华丽的服装去舞台前观看；还令所有店铺都在店前架设帷帐，摆上好酒好菜，任由商人免费享用。

这次洛阳的"国际交易大会"令西域的商人惊诧不已，被隋朝的热情和繁华所震撼。从此，西域商人源源不断地来到中原，丝绸之路更加热闹了。

东罗马金币

波斯萨珊王朝银币

来自西方的货币

在丝绸之路沿线的考古工作中，出土了许多来自东罗马的金币和波斯萨珊王朝的银币，它们随着东西方的交流来到中国。

贞观之治
——唐太宗

　　隋朝之后便是唐朝，隋炀帝造成的大乱，给唐朝留下了民生凋敝的烂摊子。但唐朝又是中国历史上最辉煌的时代之一，从最初的民不聊生到后来的繁荣昌盛，这其中一定不乏优秀统治者的功劳。唐太宗李世民是唐朝的第二位皇帝，他登基后，改国号为"贞观"。唐太宗在唐高祖李渊的基础之上，进一步任用贤能，安定国内外的环境，在他统治期间，出现了政治清明、经济复苏、文化繁荣的政治局面，被称为"贞观之治"。

　　大唐在当时是世界性的大国，无数外国客商通过丝绸之路来到大唐，中外贸易交流在盛唐时达到新的高峰，唐朝的街市中随处可见来自西域的商人和骆驼队。

黄袍加身——赵匡胤

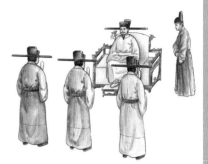

公元 960 年，身为后周大将的赵匡胤在陈桥驿发动兵变，亲信们拥立他为皇帝，并为他披上象征九五之尊的黄色袍子。后来赵匡胤建立了宋朝，取代了后周。每一个朝代建立后都会在前代的基础上对服饰做一些调整，于是赵匡胤将赭（zhě）黄、淡黄定为皇帝常服的颜色。

赵匡胤称帝后，平定了后蜀、南汉、南唐等割据政权，完成了全国大部的统一。后来通过两度"杯酒释兵权"，很大程度上扭转了唐末以来地方将领拥兵自重的局面，对宋朝乃至中国历史都影响深远。

▶延伸知识

宋朝时，皇帝和官员们经常佩戴晚唐五代出现的一种直脚幞头。它的特点是在方形的帽子两侧伸出两根长而直的脚，就像两只长长的翅膀。据说，赵匡胤当上皇帝以后，发现大臣在朝会上常常交头接耳，说悄悄话。于是，他命大臣们佩戴上足有二尺长展脚的直脚幞头，这样大臣站在朝堂上就会保持一定的距离，再也不能交头接耳了。

农业——立国之本

撰文：刘彦朋 Sun 陶然

我国是一个历史悠久的农业大国，"民以食为天，国以民为本"是我们都熟悉的一句话。中华文化五千年，历朝历代都把农耕看成大事，农业不仅是历代王朝的立国之本，也是维系国脉民生的基业。那农业千年来是怎样发展的呢？

农业的诞生

新石器时代，人类在有水源的地方定居，形成了村落。随着村落人口的不断增长，人类需要更多的食物才能生存。而人类过度的捕杀行为，让村落周围的动物越来越少。为了生存，人类就靠采集的植物种子、浆果填饱肚子。人类观察到，植物的种子落地后竟然生根发芽长出了新的果实。于是，人们发现了种子的秘密，并且经过反复尝试，学会了种植农作物，农业从此诞生。

给稻米去壳的杵和臼

河姆渡人用杵和臼给稻米去壳。使用时，需要手握木杵不停地在臼中上下捶捣。这种去壳的过程叫"舂（chōng）米"。

筛去杂质

晒米

舂米

收割水稻

用来翻土的耒耜

耒（lěi）耜（sì）是最早用于翻土的农具，传说是炎帝发明的。耒耜有木质的、骨质的和石质的，目前发现最早的耒耜距今已有 8 000 多年。相传，中国古代的神农氏是农业生产的创始人，他发明了最早用于农耕的耒耜，并培育种植五谷。

考古发现，新石器时代的人类已经开始种植谷物。7 000 多年前的河姆渡人培育了水稻，并开始大面积种植。生活在 6 000 多年前的半坡人也学会了种植粟和白菜。

给粟去壳的磨盘

磨盘是新石器时代人类用来碾磨粟的农具。粟经过反复碾磨才能去壳。

用来收割的工具

新石器时代的人类用石刀、骨刀等工具来收割粟的穗。

农业向前迈进一大步

粟

粟，又叫稷（jì），俗称谷子，去皮后又叫小米。我国北方人民的主要粮食之一，常常用来煮粥。

黍

黍（shǔ），又叫黄米，与小米相似。黍煮熟后有黏性，是古代重要的粮食作物。

稻

水稻的种子即是大米，去壳蒸熟后也就是我们常吃的大米饭。早在7000多年前，河姆渡人就已经开始大面积种植水稻。

麦

小麦，最早叫作"来"，五谷之一。春秋时期，石圆磨的发明将小麦从粒食发展到粉食。小麦面粉可以制作成饼、馒头等食物。

菽

在古代，菽指的是大豆，又是豆类的总称。

有时，竞争也能促进文明的发展。春秋战国时期，各诸侯国征战不休，为了富国强兵，他们采用各种手段发展农业：有些国家改掉了陈旧的制度；有些国家开始使用铁质农具；有些国家为了解决水患，修建了高水平的水利工程。比如秦国李冰父子主持修建的都江堰水利工程，至今还在发挥作用。

五谷与蔬菜

春秋战国时期，人们主要的食物是五谷和果蔬。"谷"原来指的是带有壳的粮食，像水稻、小麦。五谷指的是五种谷物，分别是粟、黍、稻、麦、菽。

春秋战国时的果蔬也很丰富，我们今天常吃的韭菜、莲藕、萝卜、葱等蔬菜那时已被大量种植；桃子、李子、杏、枣、梨等水果也都已经被人工栽培。

农业技术的进步也让人们的饮食更加丰富，如石圆磨的发明推动了小麦的种植，人们开始食用面食。聪明的中国人还学会利用盐来保存食物，我们今天的咸鱼、咸肉、咸菜在那时已经很常见了。

石圆磨

当时的各国相继废除不利于农业发展的旧制度，最有成效的是秦国。商鞅变法废除了井田制，施行鼓励开垦等一系列政策，使秦国农业迅速发展起来，秦国日渐强大，为后来的统一六国打下了基础。

小麦变成饼

战国之前，人们食用小麦时，大多是整粒蒸、煮，也有人用杵臼捣或用简易的石磨磨成粗面粉食用。春秋战国时，有人发明了石圆磨（相传发明人是我国古代著名的发明家鲁班）。自从有了石圆磨，人们将小麦磨得更细，小麦面粉制作的饼类面食也随之多了起来。

小麦去掉外壳。

用石圆磨碾成粉。

用水和成面团。

将面团擀成饼，放到锅中烙一会儿，香喷喷的饼就可以出锅了。

看看这时的菜园里都有什么？

葱

韭菜

萝卜

如何储存食物

新石器时代，人们学会农耕和驯养动物后，

吃不完的食物越来越多，怎样保存食物成了一大难题。

在冬季，食物保存的时间长一些，但到了夏天，

吃不完的食物很快就会腐烂。一开始，人们把粮食储藏到陶器中，

后来发现将粮食储藏到地下能够保存得更久。

春秋战国时期，人们除了在地下储藏食物，

还在地面上建起了粮仓。粮仓不但能防潮、防盗、通风，

还可以防虫害和鼠害。

▶陶器储藏食物

新石器时代，人们将吃不完的
食物放到陶器中储藏起来。

▶青铜冰鉴

你可能认为冰箱是现代社会的
产物，其实早在西周时期就已
经有了冰箱——一种叫作"冰
鉴"的青铜器。冰鉴由内外两
层容器组成，食物、酒水放入
内层容器中，内层容器再放入
外层容器中，两层容器之间盛
放冰块。这样可以起到冰镇和
保鲜食物的作用，功能类似于
今天的冰箱。

　　早在春秋战国时期，古人保存肉类和蔬菜的方法就有
多种，包括我们今天使用的腌制、风干、熏制等方法，像
腊肉、咸鱼、咸菜以及各种肉干已经是古人的家常食物。
当时的人们甚至已经会用"冰箱"来储存食物，那么，"冰箱"
里的冰是从哪里来的呢？原来西周时就有了储藏冰块的冰
窖，寒冬时人们到河中采冰，并放入冰窖，到炎热的夏天，
就可以用来冷藏食物了。

河中取冰

文人的讲坛

撰文：硫克 Sun

古代的文人想抒发内心的情感，文字成为很好的载体，所以，今天我们才可以看到如此多璀璨的诗歌与文章。在古代，学而优则仕，所以我们不难发现，许多文人的思想其实是与政治挂钩的，他们或多或少受到了时代浪头的追逐。跳跃的思想，向我们展示了古代文人不断向前探索的轨迹。

百家争鸣

春秋时期，诸侯国之间为了争夺霸权都在使劲儿发展，而发展的方式之一就是招揽人才。那时候涌现出大批有想法、有能力的人，大家各有各的观点，全都十分优秀，所以谁也不服谁，最后就诞生了各种各样的学派和观点，形成了"百家争鸣"的繁荣局面。其中有一位大家都知道的老师——孔子。孔子创办了儒家学派并开创了私人讲学的授课方法，不仅是著名的思想家，也是伟大的教育家。你看，孔子正在给学生们讲课呢！

老子

"百家争鸣"时期的另一个杰出流派是道家，代表人物是老子。我们时常能在生活中听人念叨着"道可道，非常道"，这句话就出自老子的著作《道德经》。道家的思想不太好懂，但这不代表道家的思想影响很小，如果你仔细琢磨，会发现生活中很多事都可以用道家思想来解释，或者可以这么说，道家的思想早已融入中国人的骨髓里了。

注重仁义和礼仪。

儒家

主张顺其自然，遵循自然规律。

道家

支持平等的爱，反对侵略战争。

墨家

注重逻辑思考，有很多有名的辩论家。

名家

提倡通过法律法规治理社会。

法家

阴和阳是无处不在的神秘力量。

阴阳家

诸子百家我们只介绍了儒家和道家，还有哪些大家呢？

独尊儒术

汉武帝时期，为了统治更加稳固，一位名叫董仲舒的大臣提出了"罢黜百家，独尊儒术"的政策。前面我们刚讲了春秋战国时期的"百家争鸣"，此政策的意思就是只推崇儒家学说。

因为儒家讲究仁义、礼仪、宗法等，所以董仲舒希望通过在全国推行儒家学说来使中央政府的权力更加集中，并且使这种集中看上去更加合理。汉武帝当然很喜欢这个政策，所以在君臣的共同努力下，这个政策对社会产生了巨大的影响。更重要的是，从此之后，儒家思想就成了中国社会的主体思想，一直延续了 2 000 多年。

唐宋八大家

唐朝流行写骈文，什么是骈文呢？说简单点，骈文就是特别讲究好看和好听的一类文章。想要好看，文章的用词就得足够华丽，句式就得足够工整；想要好听，读起来就必须是押韵的。这样一来，大家都刻意去拼凑辞藻和句式了，文章真正应该表达的内容反而被忽视了。写文章是为了表达情感和见解，很明显骈文已经走偏了，所以有一些文学家就率先站出来反对骈文，提倡用古文（汉朝和秦朝以前的古代散文）写作，这件事给了骈文一次重重的打击。

首先站出来的人中有两个是我们很熟悉的——韩愈和柳宗元，语文课上可没少学他们的作品。不过你可能不知道，他们倡导用古文写作可不仅仅是看不惯骈文的华而不实，还在于想要恢复以前的儒学传统，所以这不仅是一次文学改革，而且是一次文化改革。

这场运动在宋朝又再次发起，于是骈文自此消失。宋朝的六位代表人物与唐朝的韩愈和柳宗元一起，被称为"唐宋八大家"。

韩愈

柳宗元

苏洵

苏轼

苏辙

王安石

曾巩

欧阳修

程朱理学

朱熹

　　唐宋八大家一心想要复兴儒学，他们的努力终
是没有白费。因为到了宋朝，人们把儒学和佛教、道教结合，建立了一种
新儒学——程朱理学。程朱理学被视作儒学正宗，
一度成为中国哲学思想的主流。

　　程朱理学的代表人物之一是大名鼎鼎的朱熹。朱熹曾
经重建白鹿洞书院，还订立了《白鹿洞书院教规》，这个教规后来
成了封建社会书院的办学模式，延续了 700 年! 他还曾改建、扩建
了岳麓书院，并在这里讲课，使岳麓书院声名远播，
成为当时全国四大书院之一。

文物与古籍

撰文：硫克

每当媒体发布一条某地某文物出土的新闻时，我们都会感到巨大的惊喜与震撼，文物虽然不会说话，但它们无声地承载着历史；而记录下千言万语的古籍，则给了我们了解历代文明更为直接的机会。文物、古籍以及改进的造纸术，都是文明进程中的一个个里程碑。

占卜和祭祀是古代的大事，人们往往要提前好几天就开始做准备，其中一类重要的祭祀用品就是青铜器。商朝的青铜器种类非常多，而且样样精美。各种各样的青铜器，用法不同，有的用于煮肉，有的用于盛酒，有的是乐器，有的是兵器，而有的就是单纯的祭祀用品，具有更多的象征意义。

甲骨文 青铜器

文明发展到一定程度，文字便诞生了，可文字到底是怎么诞生的呢？其实一开始，人们记录东西都是直接画下来的，但画图太麻烦了，聪明的人们就开始简化线条，逐渐形成了图画文字，久而久之，线条更加简化、抽象，进而形成了象形文字。古埃及的象形文字写在莎草纸上，中国的象形文字则刻在龟甲和兽骨上，所以我们把它叫"甲骨文"。

在商朝，人们通过龟甲的裂纹进行占卜。龟甲方便保存，所以与本次占卜相关的日期、名字等信息也就直接刻在了龟甲上面。

史家之绝唱

汉武帝时期，在一次抗击匈奴的战争中，有位将军因为中了埋伏而投降，大家都说将军做得不对，只有一位叫司马迁的史官站出来为将军说话，这令汉武帝很不高兴。随着误会越来越深，汉武帝下令对司马迁处以腐刑，并把他关进了大牢。

腐刑是一种非常屈辱的刑罚，但司马迁扛了下来。他的父亲生前是编纂历史的史官，最大的愿望就是能将历史书写下去。为了完成父亲的遗愿，司马迁宁愿受刑。就这样，他在狱中完成了赫赫有名的《史记》，记载了上至黄帝下至汉武帝之间长达 3 000 多年的历史。

敲黑板

司马迁开创了以人为纲、按照时间顺序记叙历史的先河，这种写法叫"纪传体"，而《史记》是中国第一部纪传体通史，为后世了解古代社会历史提供了宝贵的可靠资料。

蔡侯纸

纸作为我国的四大发明之一，也是人类文明的重要载体。它是如何发展的呢？此处不得不提到东汉的蔡伦，是他改进了造纸术，使古代的纸与我们现在使用的纸更为接近。纸在西汉时期就已经出现了，但是那时候的纸很粗糙，经过蔡伦改进的"蔡侯纸"质量很高，物美价廉，皇帝知道后迅速下令在全国推广。此后，中国人依然在不断地改进造纸的原料和方法，生产的纸越来越好，渐渐走出了国门，走向了世界。

纸是这样造出来的

❶ 收集足够的树皮、麻头、破渔网等作为原材料，把它们切一切、洗一洗、泡一泡，使它们变碎、变软。

❷ 把原材料捞出来，继续洗一洗、捶一捶。

❸ 把捶打好的原材料泡在石灰水里，蒸一蒸、煮一煮，这样可以处理掉原材料中包含的一些造纸不需要的成分，并且还可以脱掉原材料的颜色。

❻ 加点水调配成浆液，也就是纸浆。

❺ 把原材料放到大缸里捣一捣，捣得像泥一样。

❹ 接着将原材料涮一涮、洗一洗，并且重新放到锅里蒸一蒸、煮一煮，来来回回地重复这两个步骤，直到把原材料煮烂。

❼ 用专门的工具过滤、捞取纸浆，这样工具上就会形成一层薄薄的纸膜。

❽ 把纸膜放到平整的地方，用很重的东西压一压，沥干水分。

❾ 把一张张湿纸铺在已经烧热的墙上烘一烘，使纸变干，干透后就是可以使用的纸啦！

《本草纲目》

《本草纲目》的作者是生活在明朝的李时珍，主要讲的是中医草药的理论知识、草药的介绍和总结等，是中医本草学的集大成者。

主编有话说

本草学主要是研究药用的生物，其中不只包括植物哦！传说第一个研究本草学的人是神农氏，而本草学真正被写成书，是五代十国之后的事情了。在李时珍之前，本草学的著作中收录的药物都不是特别多。李时珍为了写好《本草纲目》，翻遍前人的著作，加上大量的实际观察和试验，最终收录了近2000种药物。

EXPLORATION

上下求索

《四库全书》

说起清朝最出名的皇帝，康熙、雍正和乾隆一定名列其中，这三位皇帝一起创造了中国封建时代的最后一个盛世——康乾盛世。这一时期，除了政治、经济和军事，文化也得到了长足的发展，其中就有一个大工程——《四库全书》。《四库全书》可谓中国古代最大的文化工程，它呈现出了完整的中国古典知识体系，文学、历史、哲学、理学、农业、医学等全都包含在内。你能想到的，《四库全书》里基本都能找到，可以说它是中国古代文化典籍库。

▶延伸知识

《四库全书》是哪四库呢？就是我们常说的经、史、子、集。经、史、子、集其实是中国古代人主要的图书分类方法，其中，经指的是儒家经典著作，史指的是历史著作，子指的主要是我们熟悉的诸子百家的著作，集指的就是古代诗词文集。经、史、子、集加起来，基本上就是中国古代的所有典籍了。

历史，是对过去的记录，更是把握现在、走向未来的向导。生活在当代的我们，想要走近历史，博物馆不失为一个恰当的入口。博物馆里的每件文物都承载着一段历史故事，它们标示着我们与历史的距离，又将我们与历史紧紧地连接起来。

燕海鸣老师是如何看待我们与历史的距离的呢？

我们一起看看吧！

燕海鸣

中国文化遗产研究院副研究员
中国古迹遗址保护协会秘书处主任

我们为什么要逛博物馆？

小朋友们，如果你的面前有一个神奇的月光宝盒，可以带你去历史中的任何一个地点，你最想去哪里呢？中国有五千年的悠久历史，在这历史长河中，有太多的故事、英雄、创举、科技值得我们回望与赞叹。可是当月光宝盒发挥魔力的那个瞬间，你又如何决定自己究竟要去何时何地呢？

细心的孩子一定不会错过历史长河中与生活息息相关的精彩片段。没错，我们生活中的各种事物是连接过去与现在的媒介，它们看似再平凡不过，却是我们感知外部世界的途径。因为熟悉，当我们追根溯源时，才更能感受到时代变迁带给我们每一个人的影响。

　　一个时代的登场，总是伴随着另一个时代的黯然离去，然而看似渺小的身边事物，却可能阅历千年。生活记录着历史一路走来的痕迹，更折射着文明的脉络。在历史这个华丽的舞台上，生活是演员，是故事的书写者，也是默默无闻的幕后英雄，令我们心生敬畏，也令我们心存谦卑。博物馆里记录着过去的人们的生活痕迹，我们想要了解一段历史或一种文化，去逛博物馆吧，你会找到珍贵的答案。

THINKING
头脑风暴

01 我国最早的国都是哪里？（　　）

    A. 洛阳

    B. 长安

    C. 河南偃师

02 如果你有机会参加隋炀帝的招商大会，在大会上将不可能看到什么？（　　）

    A. 丝绸

    B. 指南针

    C. 手工艺品

03 唐朝的长安城一共有多少个里坊？ （ ）

A.108

B.100

C.106

04 宋朝的商业很发达，当时汴京、杭州已是相当繁华的大都市。就像我们当代生活一样，宋朝也有了热闹的早市，但你知道宋朝的早市为什么叫鬼市吗？

名词索引

头脑风暴答案

1.C   2.B   3.A

4. 参考答案：汴京（今开封）是北宋的国都，那时不仅有夜市，还放宽了宵禁，开放了早市。三更之后喧嚣的夜市结束后不久，五更时的早市就又开张了，热闹的一天开始了。当时汴京城中有很多的早市，如皇城东边的潘楼酒楼，附近就有一处主营服饰的早市，天不亮就开市，因此早市也被称为鬼市。

致谢

《课后半小时 中国儿童核心素养培养计划》是一套由北京理工大学出版社童书中心课后半小时编辑组编著，全面对标中国学生发展核心素养要求的系列科普丛书，这套丛书的出版离不开内容创作者的支持，感谢米莱知识宇宙的授权。

本册《中国历史 上下五千年》内容汇编自以下出版作品：

[1]《看文明：200 个细节里的中国史》，北京理工大学出版社，2022 年出版。

[2]《图解少年中国史：服饰的故事》，电子工业出版社，2021 年出版。

[3]《图解少年中国史：饮食的故事》，电子工业出版社，2021 年出版。

[4]《图解少年中国史：房屋的故事》，电子工业出版社，2021 年出版。

[5]《图解少年中国史：交通的故事》，电子工业出版社，2021 年出版。

[6]《图解少年中国史：艺术的故事》，电子工业出版社，2021 年出版。

[7]《图解少年中国史：城市的故事》，电子工业出版社，2021 年出版。

[8]《图解少年中国史：商贸的故事》，电子工业出版社，2021 年出版。

[9]《你好，中国！你好，世界！》，北京理工大学出版社，2021 年出版。

图书在版编目（CIP）数据

课后半小时 : 中国儿童核心素养培养计划 : 共31册/
课后半小时编辑组编著. -- 北京 : 北京理工大学出版社, 2023.5
ISBN 978-7-5763-1906-4

Ⅰ.①课… Ⅱ.①课… Ⅲ.①科学知识—儿童读物
Ⅳ.①Z228.1

中国版本图书馆CIP数据核字(2022)第233813号

出版发行 / 北京理工大学出版社有限责任公司
社　　　址 / 北京市海淀区中关村南大街5号
邮　　　编 / 100081
电　　　话 / （010）82563891（童书出版中心）
网　　　址 / http://www.bitpress.com.cn
经　　　销 / 全国各地新华书店
印　　　刷 / 雅迪云印（天津）科技有限公司
开　　　本 / 787毫米×1092毫米　1 / 16
印　　　张 / 83.5
字　　　数 / 2480千字　　　　　　　　　　　　责任编辑 / 李慧智
版　　　次 / 2023年5月第1版　2023年5月第1次印刷　文案编辑 / 李慧智
审 图 号 / GS（2020）4919号　　　　　　　　　责任校对 / 刘亚男
定　　　价 / 898.00元（全31册）　　　　　　　责任印制 / 王美丽